Beat Andreas Schweizer

Der Friedensbegriff von "Gaudium et Spes"

GRIN Verlag

Bibliografische Information der Deutschen Nationalbibliothek:

Die Deutsche Bibliothek verzeichnet diese Publikation in der Deutschen National-
bibliografie; detaillierte bibliografische Daten sind im Internet über http://dnb.d-
nb.de/ abrufbar.

Impressum:

Copyright © 2009 GRIN Verlag GmbH
Druck und Bindung: Books on Demand GmbH, Norderstedt Germany
ISBN: 978-3-656-35872-5

Dieses Buch bei GRIN:

http://www.grin.com/de/e-book/208315/der-friedensbegriff-von-gaudium-et-spes

GRIN - Your knowledge has value

Der GRIN Verlag publiziert seit 1998 wissenschaftliche Arbeiten von Studenten, Hochschullehrern und anderen Akademikern als eBook und gedrucktes Buch. Die Verlagswebsite www.grin.com ist die ideale Plattform zur Veröffentlichung von Hausarbeiten, Abschlussarbeiten, wissenschaftlichen Aufsätzen, Dissertationen und Fachbüchern.

Besuchen Sie uns im Internet:

http://www.grin.com/

http://www.facebook.com/grincom

http://www.twitter.com/grin_com

Frühlingssemester 2009
Universität Fribourg
Theologische Fakultät

Proseminararbeit
Beat Schweizer

Der Friedensbegriff von „Gaudium et Spes"

Proseminar Theologische Propädeutik

Inhaltsverzeichnis:

1. Einleitung[1]

Das Zweite Vatikanische Konzil von 1962–65 war für die römisch-katholische Kirche das 21. Ökumenische Konzil. Ökumenisch nicht in dem Sinne, dass alle möglichen christlichen Konfessionen daran teilgenommen hätten, sondern weil es sich um eine Versammlung von katholischen Bischöfen aus aller Welt handelte. Vertreter anderer christlicher Kirchen waren lediglich als Beobachter zugegen. Das vorhergehende Konzil war das I. Vaticanum von 1869/70. Dort wurde die Unfehlbarkeit des Papstes festgehalten, ein weiteres Konzil wäre somit gar nicht mehr nötig gewesen, er hätte alles allein bestimmen können. Doch genau hier setzt die Einberufung des II. Vaticanums durch Papst Johannes XXIII. ein schönes Zeichen für das kollegiale und synodale Prinzip der Kirche. Denn nicht der Papst allein ist die Kirche; vielmehr steht er in Gemeinschaft mit allen Bischöfen. Somit stellen diese auch nicht einfach nur seine Berater dar, sondern sie diskutieren und entscheiden mit und unter ihm.

Das Konzil war weder ein Bruch mit der kirchlichen Tradition, noch war ihr Ausgang schon von vornherein absehbar. Es wurde offen diskutiert und manchmal auch Kompromisse geschlossen. Es ging um eine Weiterentwicklung, eine Anpassung der Lehre an die zeitlichen Umstände, um eine aktualisierte Ausdrucksweise. Das Konzil wollte ein pastorales sein, das das Heil des Menschen selbst in den Mittelpunkt stellt und nicht bloss generelle dogmatische Aussagen macht, sondern Bezug auf konkrete Situationen nimmt. Die Synode bewirkte einen wichtigen Impuls, einen Anfang, doch die eigentliche Aufgabe, die Umsetzung, gehörte in die nachkonziliare Zeit.

Das II. Vaticanum begann feierlich am 11. Oktober 1962. Es nahmen 2498 Konzilsväter daran teil. Im darauf folgenden Jahr wurde es durch den Tod Johannes' XXIII. unterbrochen, aber von seinem Nachfolger Paul VI. wieder fortgesetzt. Die Öffentlichkeit verfolgte das Geschehen mit grossem Interesse und hatte Erwartungen. Insofern war es keine innerkirchliche Angelegenheit, sondern man musste auch bedacht sein gegen Aussen Zeichen zu setzen. Zum Schluss des Konzils am 8. Dezember 1965 lagen 16 Dokumente vor. Darunter auch die Pastoralkonstitution über die Kirche in der Welt von heute „Gaudium et Spes", die mitunter als eines der wichtigsten Dokumente angesehen wird. Darin wird Stellung genommen zu verschiedenen Themen, wie z.B. die Religionsfreiheit, die Würde der menschlichen Person oder die politische Gemeinschaft. Was uns hier jetzt aber interessiert ist das V. Kapitel über die Förderung des Friedens und den Aufbau der Völkergemeinschaft.

---

[1] Vgl. RAHNER, Kleines Konzilskompendium (1982) 13–36.

3

2. Wesen des Friedens

Wie das Konzil erkannt hat, ist sich die Menschheitsfamilie untereinander näher gekommen und sich klarer ihrer Einheit und gemeinsamen Welt bewusst, man denke an die Globalisierungsbestrebungen. Dennoch wird die Menschheit, damals wie auch heute, von tobenden und drohenden Kriegen in ihrer Existenz als auch Würde bedroht. Dem Konzil gingen zwei Weltkriege voraus. Dabei heisst die neutestamentliche Offenbarung geradezu ‚Evangelium des Friedens', in der östlichen Kirchentradition wird Christus der ‚Engel des Friedens' genannt.[2] „Je mehr die Menschen zu einer Welt zusammenrücken, desto dringlicher wird der Frieden."[3] Daher wollte das Konzil den hohen Begriff des Friedens klar darlegen und die Unmenschlichkeit des Krieges verurteilen.[4]

a. Friede – Freisein von Krieg

1. Der Gerechte Krieg

Krieg scheint der krasse Gegensatz zu Friede zu sein, somit würde es also nur ein Entweder-Oder geben, Friede nur durch Überwindung des Krieges. Dennoch hat die kirchliche Tradition immer an der Lehre vom Gerechten Krieg festgehalten, die bis auf Augustinus zurückgeht. Ein Krieg wird demnach dann legitimiert, wenn er das allgemeine Wohl, Gerechtigkeit und Friede zum Ziel hat aber auch zur Bestrafung von schuldhaften Verbrechern. Gewalt darf aber nur als äusserstes Mittel angewendet werden, wenn alle anderen Möglichkeiten schon erschöpft sind und muss durch innere Liebe getragen sein. In keinem Fall darf es sich um Motive der Rache, Macht oder totale Vernichtung des Gegners handeln. Im Laufe der Zeit wurden die Kriterien noch etwas strenger, so dass nur noch Mittel der Selbstverteidigung gegen schweres Unrecht erlaubt sind.[5]

Daran schliesst sich auch die Position des II. Vaticanums an. Es billigt ausdrücklich das Recht auf sittlich erlaubte Verteidigung[6] (ius ad bello), verurteilt aber einen Angriffskrieg. Der Staat hat die Pflicht, das Wohl seiner Bürger zu schützen. Dies aber nur wenn durch einen Krieg

---

[2] Vgl. BISER, Friede (1960) 368.
[3] SANDER, Kommentar zum V. Kapitel (2005) 803.
[4] Vgl. GS 77.
[5] Vgl. HAUSER, Krieg (1961) 640ff.
[6] Vgl. GS 79.

noch Schlimmeres verhindert werden kann; wären die Schäden durch einen Krieg grösser als durch eine Kapitulation, so muss das Unrecht auf sich genommen werden. Kommt es zum Krieg, so ist nicht einfach alles erlaubt, frei nach dem Ausspruch „Not kennt kein Gebot" von Reichskanzler Hollweg 1914. Das Konzil fordert, man soll sich „ [...] auf Verteidigungsmittel beschränken, so wie sie auch den Schwächeren zur Verfügung stehen [...]"[7]. Es gibt aber auch ein Recht im Krieg (ius in bello). Dazu gehören internationale Vereinbarungen, wie z.b. die Genferkonvention, die unbedingt eingehalten werden müssen. Des Weiteren wird an den Prinzipien des natürlichen Völkerrechtes, man könnte auch sagen, des menschlichen Verhaltens, festgehalten. Die wichtigsten davon sind die Achtung vor dem menschlichen Leben, Achtung vor der Person (Verbot der Folter) und das „Verbot aller innerlich schlechter Akte".[8] Somit heiligt der Zweck klar nicht die Mittel. Die Ausrede „Befehl ist Befehl" wird von der Konstitution zurückgewiesen. Der Soldat, Diener der Sicherheit und Freiheit der Völker, hat vielmehr die Pflicht, sich einem ungerechten Krieg oder Befehl zu widersetzen. An dieser Stelle verurteilt das Konzil ganz scharf alle Handlungen die auf Völkermord abzielen als grausame Verbrechen gegen die Menschheit. Das Recht auf Wehrdienstverweigerung aus Gewissensgründen wird anerkannt, aber gefordert, dass diejenigen einen Ersatzdienst an der Gemeinschaft leisten.[9]

Worüber nicht diskutiert wird ist der Angriffskrieg aus Verteidigungsgründen (Präventionskrieg). Dies war aber damals im Kalten Krieg auch kein Thema und keine erklärte politische Option.[10]

2. Der Totale Krieg

Was bisher gesagt wurde, kann sehr gut auf konventionelle Kriege angewendet werden. Doch wie sieht es jetzt mit der veränderten Situation des 20. Jahrhunderts aus? Bieten die neueren Atomaren-, Biologischen- und Chemischen Waffen nicht eine ganz andere Ausgangslage? Auch dazu nimmt das Konzil Stellung, denn es stand noch ganz unter dem Einfluss von zwei weltweiten totalen Kriegen.

Bei einem totalen Krieg wird der Sieg um jeden Preis angestrebt, ohne Rücksicht auf Menschenrechte oder sonstige restriktive Argumente. Dazu gehört jede Handlung die auf die Vernichtung ganzer Städte oder Gebiete und ihrer Bevölkerung abzielt. Dies kann auf keinen Fall

---

[7] GS 78,5.
[8] COSTE, Kommentar zum V. Kapitel (1968) 550.
[9] Vgl. GS 79.
[10] Vgl. SANDER, Kommentar zum V. Kapitel (2005) 806.

toleriert werden. Die Synode spricht eine scharfe Verurteilung darüber aus.[11] Wichtig ist die Unterscheidung von Kämpfenden (Soldaten) und Nicht- Kämpfenden (Zivile), wobei letztere unantastbar zu gelten haben. Das Konzil konnte sich aber nicht durchringen, Massenvernichtungswaffen ganz und gar zu verurteilen (der blosse Besitz wird nicht verurteilt, aber auch nicht befürwortet), zu sehr spielen noch politische Interessen gewisser Parteien hinein. Doch das riesige Gefahrenpotenzial der ABC- Waffen lässt sich schlecht kontrollieren und somit einen Einsatz kaum rechtfertigen. Ein Atom-Krieg würde zur unweigerlichen Selbstauslöschung führen. Somit bemerkt das Konzil, dass die Anwendung dieser Waffen „ […] die Grenzen einer gerechten Verteidigung weit überschreiten […]"[12] und appelliert an die grosse Verantwortung der Regierenden, insbesondere auch gegenüber zukünftigen Generation und warnt, dass wir alle einmal Rechenschaft vor Gott und den Menschen ablegen müssen. Daher ist die Frage des Krieges mit einer ganz neuen inneren Einstellung zu prüfen.[13]

Die Bedrohung durch die wissenschaftlichen Waffen hat im Vergleich zu den konventionellen ganz klar ein überdimensionales Ausmass angenommen. Doch das Wesen des Krieges bleibt doch eigentlich im Kern dasselbe. Somit behält auch die traditionelle theologische Lehre seine Gültigkeit. Liesse die Definition aber so überhaupt noch einen gerechten Krieg zu? Wohl kaum, die klassische Unterscheidung von gerechtem und ungerechtem Krieg wäre somit im Bezug auf ABC-Waffen hinfällig, es gibt nur noch den ungerechten. Demnach wäre Friede also das totale Freisein von Krieg, wie Eingangs erwähnt. Ein utopischer Zustand? Denn solange es noch Krieg auf dieser Erde gibt behält das Gesagte seine Gültigkeit. Zudem kann man nicht einfach nur noch von Atomkriegen ausgehen, den konventionellen Krieg gibt es weiterhin. Oder aber ist Friede einfach der Zwischenzustand zwischen Kriegen? Nein, ein so verstandener Friedensbegriff kann nicht derjenige von „Gaudium et Spes" sein, Friede als blosses Gegenteil von Krieg würde zu kurz greifen. Auch wenn kein Krieg wütet, ist die Welt durch Auseinandersetzungen und Gewalt geplagt.[14] Krieg kann ohnehin nicht zu einem dauerhaften Frieden führen. Man muss das Übel von Grund auf bekämpfen, nicht die Symptome.

---

[11] Vgl. GS 80,4.
[12] GS 80,1.
[13] Vgl. SANDER, Kommentar zum V. Kapitel (2005) 807.
[14] Vgl. 83,1.

b. Friede – Gleichgewicht der Mächte[15]

Das Konzil fand mitten im Kalten Krieg, dem Konflikt zwischen dem Westen unter der Führung der USA und dem Osten unter der Führung der Sowjetunion, statt. In der Kuba-Krise, die 1962 fast gleichzeitig mit dem Konzil begann, wäre aus dem kalten Krieg beinahe ein heisser geworden. Viele Leute hielten damals den Rüstungskampf und das daraus resultierende und auch angestrebte Gleichgewicht der Supermächte für das wirksamste Mittel den Frieden zu sichern. Die heilige Synode weicht dieser heiklen Frage der nuklearen Abschreckung nicht aus und antwortet „ […] zugleich nuanciert und fest."[16] Das Konzil macht zwar keine direkten Vorwürfe an das ‚Gleichgewicht des Schreckens'. „Schliesslich sei nur dadurch der Friede erhalten geblieben", meinte ein Konzilsvater bei den Diskussionen.[17] Aber der Rüstungswettlauf kann kein sicherer Weg sein um einen wirklichen und dauerhaften Frieden zu erreichen. Ein sicherer Friede kann nicht durch Waffengewalt auferlegt werden. Zu gross ist die Gefahr die von den Massenvernichtungswaffen ausgeht, zu schnell könnten die Staatsmänner ihre Nerven verlieren. Die Ursachen werden nicht bekämpft, vielmehr besteht die Gefahr, dass neue dazukommen. Darüber hinaus führt das Ganze noch zu einem anderen schlimmen Nebeneffekt: zu viel Geld wird in die Rüstung gesteckt, und steht somit nicht mehr für Hilfeleistungen an ärmere Länder zur Verfügung. Die Kluft zwischen arm und reich wird so immer grösser. Damit ist der Rüstungswettlauf „eine der schrecklichsten Wunden der Menschheit."[18] Infolgedessen fordert das Konzil, dass mit der Abrüstung begonnen wird; nicht einseitig, sondern in vertraglich festgelegten Schritten mit echter Kontrolle und Sicherung. [19] Leider geht das Konzil aber nicht auf eine vollständige Abrüstung, die auch die Seele erreicht, also eine moralische Abrüstung, wie sie Johannes XXIII. gefordert hatte, ein.[20] Dennoch ist es erstaunlich, dass das Konzil den Mut hatte, diese Forderung angesichts der damaligen politischen Situation geltend zu machen. Nur leider wurde der Kalte Krieg über 20 Jahre lang weiter geführt. Die Methode hat Schule gemacht, so dass diese Thematik auch heute noch brandaktuell ist, man denke nur an den Iran oder Nordkorea.

Die Meinungsverschiedenheiten müssen von Grund auf angegangen werden, es braucht neue Wege, eine innere Wandlung und gegenseitiges Vertrauen.

---

[15] Vgl. GS 81.
[16] COSTE, Kommentar zum V. Kapitel (1968) 557.
[17] Vgl. SCHUIJT, Geschichte des Textes (1968) 537.
[18] GS 81,3.
[19] Vgl. GS 82,1.
[20] Vgl. COSTE, Kommentar zum V. Kapitel (1968) 559f.

c. Friede – Werk der Gerechtigkeit

Wie wir gesehen haben, sind die beiden bisherigen Ansätze zu keinem zufrieden stellenden Ergebnis gekommen, das Konzept des Friedens konnte noch nicht im Geiste des 2. Vaticanums begriffen werden. Es bedarf vielmehr eines inneren Krieges, einer Umkehr, einer Wandlung im Herzen, einer Überprüfung der Einstellung eines jeden Einzelnen. „Der Friede besteht nicht darin, dass kein Krieg ist; er lässt sich auch nicht bloss durch das Gleichgewicht entgegengesetzter Kräfte sichern; er entspringt ferner nicht dem Machtgebot eines Starken; er heisst vielmehr mit Recht und eigentlich ein ‚Werk der Gerechtigkeit'."[21] Um den Krieg einzudämmen, muss man beim Menschen beginnen. Grundvoraussetzungen für den Frieden sind die Sicherheit für das Wohl der Person und ein freies und vertrauensvolles Teilen der Reichtümer des Geistes und Herzens. Dies impliziert die Achtung der Würde anderer Menschen und Völker und führt so zu echter gelebter Brüderlichkeit. Somit ist der Friede Frucht der Gerechtigkeit, aber vor allem auch der Liebe.[22] In der Friedensenzyklika von Johannes XXIII. *Pacem in terris* wird Friede als „[…] Verwirklichung des Wertequartetts ‚Wahrheit, Gerechtigkeit, Liebe und Freiheit' umschrieben […]."[23] Erst daraus kann ein friedliches und menschenwürdiges Zusammenleben entstehen. Zwischen den vier genannten Schlagworten bestehen Wechselwirkungen. Freiheit verlangt nach sozialer Gerechtigkeit, denn sie muss im Einklang mit der Freiheit anderer stehen. Die Suche nach Wahrheit ist dem Menschen ureigen. Jedoch muss einem Gegner der eigenen Wahrheit mit Liebe begegnet werden. So sind alle diese Prinzipien miteinander verknüpft, werden aber von der Liebe umfasst, erwachsen aus ihr, sind ihre Früchte. Somit ist der Friede ein Werk der Liebe. Diese Gnade muss erbetet werden.

„Um den Frieden aufzubauen, müssen vor allem die Ursachen der Zwietracht in der Welt, die zum Krieg führen, beseitigt werden, an erster Stelle die Ungerechtigkeiten."[24] Insbesondere ökonomische Ungleichheiten in der Welt bieten Anlass zum Krieg. Andere Ursachen sind Egoismus, Herrschsucht, Neid oder Missachtung der Menschenwürde. Daher muss man für Einheit und Freiheit eintreten. „Entwicklung ist der neue Name für Friede", wie Papst Paul VI. in seiner Enzyklika *Populorum Progressio* von 1967 bemerkt.[25] Am Aufbau des Friedens sollen nicht nur Christen, sondern alle Menschen mitwirken, die guten Willens sind. Hier leis-

---

[21] GS 78,1.
[22] Vgl. GS 78,2.
[23] NAGEL, Friedenslehre (1997) 68.
[24] GS 83,1.
[25] Vgl. HUBER, Frieden (1983) 640.

tet die Konstitution auch einen Beitrag zur Standortbestimmung und Dialog der Kirche mit der Welt.

Berthold von Regensburg unterschied um 1260 drei Arten von Frieden: den Frieden mit Gott, den Frieden mit sich selbst und den Frieden zum Nächsten.[26] Und tatsächlich, jeglicher Friede kommt von Gott. Er schenkt ihn uns, wenn wir wollen. Der irdische Friede kann nur Abbild und Wirkung des göttlichen Friedens sein. Durch seinen Tod am Kreuz hat Jesus Christus uns alle mit Gott versöhnt und uns zur Einheit in einem Volk und einem Leib geführt.[27] Dadurch hat er, der Friedensfürst, schon das Kommen des ewigen Gottesreiches in Friede und Liebe bereitet. Doch insofern der menschliche Wille schwankend und der Mensch Sünder ist, steht der Friede in dauernder Gefahr. Daher muss jede Person versuchen seine Leidenschaften zu zügeln und die staatliche Autorität über den Ausbruch von Gewalt wachen. Daraus ergibt sich, dass sich der Friede nicht statisch herstellen lässt, sondern ist immer nur dynamisch hier und heute zu erringen.[28] Friede so verstanden kann nie endgültiger Besitz sein, sondern ist immer wieder neu zu erfüllende Aufgabe.[29]

Jetzt können wir auch einsehen, „ [...] dass alle Versuche einer statischen Definition von Frieden notwendigerweise an der Vieldimensionalität des damit gemeinten Lebensphänomens scheitern. Denn Frieden meint das Gelingen des menschlich-mitmenschlichen Lebensprozesses.“[30] Somit ist der Anspruch des positiven Friedensbegriffes von Gaudium et Spes ungemein höher gesetzt, als wenn man den Frieden einfach negativ als Gegenbegriff zu Krieg auffasst.

Für den Frieden unentbehrlich ist der gegenseitige Respekt und Vertrauen unter den Menschen und Völkern. Nur wenn jeder einzelne den Frieden mit Gott, sich selbst und dem Nächsten findet, kann die Menschheit sich in Liebe vereinen und die Sünde überwinden um dorthin zugelangen, wie es heisst: „Zu Pflügen schmieden sie ihre Schwerter um, zu Winzermessern ihre Lanzen. Kein Volk zückt mehr gegen das andere das Schwert. Das Kriegshandwerk gibt es nicht mehr“ (Jes 2, 4).

---

[26] Vgl. HUBER, Frieden (1983) 624.
[27] Vgl. GS 78,3.
[28] Vgl. SANDER, Kommentar zum V. Kapitel (2005) 803f.
[29] Vgl. GS 78,1.
[30] HUBER, Frieden (1983) 635.

9

3. Handlungskonsequenzen

Nun haben wir eine Vorstellung darüber erhalten, was unter Friede verstanden wird. Doch die Vision ist leider erst der erste Schritt. Der aufgezeigte Friedensbegriff verlangt implizit nach einer konkreten Umsetzung. Auch hierzu leistet die Pastoralkonstitution einen wertvollen Beitrag.

a. Weltweite Ächtung des Krieges[31]

Das Konzil verlangt die globale Übereinkunft zur Ablehnung jedweden Krieges. Dies birgt die Notwendigkeit einer überstaatlichen Weltorganisation in sich, die, mit entsprechender Macht ausgestattet, Respekt einzuflössen und im Konfliktsfall Recht zu sprechen vermag. Damit einher geht der Verzicht auf nationalen Egoismus und eine tiefe Ehrfurcht vor der ganzen Menschheitsfamilie. Natürlich wird an die Staatsmänner, militärischen Befehlshaber oder religiöse Obrigkeit appelliert ihrer Verantwortung gerecht zu werden. Der Konzilstext nimmt sie aber auch in Schutz, und zwar so sehr, dass man schon fast Mitleid mit ihnen haben könnte, ob der Last ihres Amtes. Es ist richtig ihre Bemühungen für den Frieden zu würdigen, aber es darf nicht vergessen werden, dass auch sie es waren, die für die Hochrüstung sorgten. Hier hätte sich das Konzil noch etwas mehr mit der Bevölkerung solidarisieren können.[32]

Schlussendlich hängt aber auch nicht alles nur von den Führungskräften ab, sondern jeder einzelne trägt die Mitverantwortung für den Frieden. Jede einzelne noch so kleine gute Tat trägt seinen Teil dazu bei. Im Übrigen sind die Politiker auch auf die öffentliche Meinung angewiesen. Sie können noch so lange versuchen zwischen Völkern zu vermitteln wenn Rassenhass die Bevölkerung beherrscht. Daher ist eine Wandlung der Gesinnung anzustreben. Hierfür soll man bei der Erziehung ansetzen. Insbesondere die Verantwortlichen für die Jugend, aber auch all jene die irgendwie zur Bildung der öffentlichen Meinung beitragen, werden in die Pflicht genommen, „ […] eine neue Friedensgesinnung zu wecken"[33].

---

[31] Vgl. GS 82.
[32] Vgl. SANDER, Kommentar zum V. Kapitel (2005) 810f.
[33] GS 82,3.

b. Aufbau der internationalen Gemeinschaft

Im zweiten Teil des V. Kapitels von Gaudium et Spes wird der Aufbau der internationalen Gemeinschaft postuliert. Vor dem Hintergrund der wachsenden Vernetzung und gegenseitigen Abhängigkeit der ganzen Welt, soll eine internationale Grundlage für die Gemeinschaft der ganzen Menschheit geschaffen werden. Fortschritt soll gefördert und Kriege vermieden werden.[34] Diese Rolle wird mittlerweile vorwiegend von der UNO wahrgenommen. Christen und Nichtchristen sollen in Brüderlichkeit zusammen für den Frieden arbeiten. Durch das Plädoyer für internationale Organisationen geschieht ein unscheinbarer aber eminent wichtiger Ortswechsel der Kirche: nicht mehr sie ist Garant für den Weltfrieden, sondern weltliche Institutionen. Sie erlangt so eine Relativität ohne ihre Autorität zu verlieren, denn ihre Botschaft wird keineswegs relativiert. Dadurch kann sie ganz anders auf internationaler Ebene auftreten; sie muss nicht mehr nach Macht schielen um ihre Lehre durchzusetzen und dabei Gefahr laufen selber zu einem Gefährdungsfaktor zu werden.[35]

Die internationale Gemeinschaft muss sich für eine nachhaltige Überwindung der wirtschaftlichen Ungleichheiten in der Welt einsetzen. 1963 war schon über 50% der Weltbevölkerung ungenügend ernährt. Die ärmeren Länder sind nicht im Stande sich aus eigener Kraft den Standards der entwickelten Länder anzugleichen, sondern bedürfen massiv derer Hilfe. Diese betrifft sowohl die Lieferung materieller Güter wie Nahrung, Material oder Geld, aber auch technische Hilfe in Form von Know-how.[36] Ausländische Fachkräfte dürfen aber nicht als Herren auftreten, sondern als Helfer und Mitarbeiter.[37] Einheimische Leute müssen zu kompetenten Führungskräften in Wirtschaft und Gesellschaft ausgebildet werden. Somit handelt es sich nicht darum, dass Entwicklungshelfer einfach die Arbeit übernehmen, sonder die anderen anleiten sich selbst zu helfen. Ein wichtiger Grund für die Unterschiede zwischen den hoch entwickelten und den unterentwickelten Länder liegt in der Vorgehensweise. Während die Industriestaaten durch eine rationelle Vorgehensweise geprägt sind, bleiben viele Entwicklungsländer noch in der traditionellen verhaftet. Hier benötigt es eine geistige Umstellung. Es handelt sich aber keineswegs um Ideologien, sondern um blosses sachliches Erfordernis. Somit ist Entwicklungshilfe an erster Stelle ein kulturelles und sozialpädagogisches Problem.[38] Etwa dasselbe Prinzip wie ‚Hilfe zur Selbsthilfe' beschreibt der Spruch: ‚trade, not aid'. Es bedeutet die Erschliessung der Märkte in Industrieländer für Entwicklungsländer. Dazu gehört

---

[34] Vgl. GS 84,3.
[35] Vgl. SANDER, Kommentar zum V. Kapitel (2005) 811f.
[36] Vgl. COSTE, Kommentar zum zweiten Abschnitt (1968) 568.
[37] Vgl. GS 85,2.
[38] Vgl. OSWALD V. NELL-BREUNING, Exkurs über die Probleme des zweiten Abschnitts (1968) 563.

natürlich auch ein fairer Handel. Nur so kann Nachhaltigkeit sichergestellt werden. Das Konzil verlangt darüber hinaus, dass nicht nur vom Überfluss gegeben wird, sonder vor allem auch ‚ex substantia'.[39] Dies mag zwar schön klingen, doch bleibt zu beachten, dass dies nicht der Regelfall sein kann; denn die Industrieländer dürfen ihre wirtschaftliche Leistungsfähigkeit nicht schwächen.[40]

Für eine erfolgreiche internationale wirtschaftliche Kooperation ist ein Verzicht auf übertriebenes Gewinnstreben, nationales Prestige, politische Herrschsucht und Machenschaften zur Verbreitung von Ideologien gefordert. Vorurteile müssen abgelegt werden können um einen aufrichtigen Dialog zu ermöglichen.[41] So kann die Welt dem hohen Ideal des Friedens langsam aber stetig ein Stückchen näher kommen. Die Aufgabe ist gegeben. Damit sie nicht blosse Utopie bleibt ist noch viel zu tun. Auch die Kirche versucht ihren Teil dazu beizutragen, im Dialog mit allen Menschen, die das eine Volk Gottes bilden. Es gelte im Notwendigen Einheit, im Zweifel Freiheit, in allem die Liebe[42].

---

[39] Vgl. GS88,2.
[40] Vgl. OSWALD V. NELL-BREUNING, Exkurs über die Probleme des zweiten Abschnitts (1968) 565.
[41] Vgl. GS 85,3.
[42] Vgl. JOHANNES XXIII., Ad Petri Cathedram (1959) 513.

Literatur- und Abbildungsverzeichnis

RAHNER, Karl (Hg.), *Kleines Konzilskompendium*. Sämtliche Texte des Zweiten Vatikanums mit Einführungen und ausführlichem Sachregister, Freiburg i.Br. 1982.

SCHUIJT, Willem J., Die Geschichte des Textes des V. Kapitels, in: *LThK.E* 3 (1968) 533–543.

COSTE, René, Kommentar zum V. Kapitel, in: *LThK.E* 3 (1968) 544–562.

OSWALD V. NELL-BREUNING, Exkurs über die Probleme des zweiten Abschnitts des V. Kapitels, in: *LThK.E* 3 (1968) 562–565.

COSTE, René, Kommentar zum zweiten Abschnitt des V. Kapitels, in: *LThK.E 3* (1968) 565–579.

BISER, E., Art. Friede, in: *LThK* IV (1960) 366–369.

HAUSER, R., Art. Krieg, in: *LThK* VI (1961) 639–643.

HUBER, Wolfgang, Art. Frieden V, in: *TRE* 11 (1983) 618–646.

SANDER, Hans-Joachim, Kommentar zum V. Kapitel, in: *Herders theologischer Kommentar zum Zweiten Vatikanischen Konzil* IV (2005) 802–819.

NAGEL, Ernst Josef, *Die Friedenslehre der katholischen Kirche*. Eine Konkordanz kirchenamtlicher Dokumente (ThFr 13), Stuttgart 1997.

JOHANNES XXIII., *Enz. Ad Petri Cathedram*: AAS 51 (1959).